AF351199

© واحة الحكايات للنشر والتوزيع
جمهورية مصر العربية
الإمارات العربية المتحدة
Wahat Alhekayat Publishing
and Distribution
UAE: 0097143336366
        00971504599804
        00971558236687
E: w.hekayat@gmail.com
واحة الحكايات للكتب الورقية
www.wahatalhekayat.com
مكتبة إلكترونية ومنصة تعليمية
www.wahatalhekayat.academy
ISBN: 9789776497832
تدريبات الحروف
المستوى الأول
إعداد: صفاء عزمي
تصميم: منال أبومرّة
رقم الإيداع بدار الكتب المصرية
217/17727
حقوق الطبع محفوظة

أكاديمية واحة الحكايات

متجر واحة الحكايات

تدريبات الحروف

تطبيقات لغوية ... المستوى الأول

ترتيب وتقسيم واحة الحكايات للحروف العربية:

* تم ترتيب الحروف العربية ترتيبا جديدا: (أ ن ب ر و هـ ز ... غ) وهو ترتيب خاص بواحة الحكايات، ومستوحى من الترتيب الأبجدي: (أ ب ج د هـ و ز ... غ).

* تم تقسيم الحروف (28 حرفا) إلى 7 مجموعات (كل مجموعة 4 حروف).

* تم اختيار الحروف الأربعة في كل مجموعة على أساس:

سهولة التمييز فيما بينها من ناحية الشكل والنقاط على الحرف، وذلك تمهيدا لتقديم ومراجعة كل 4 حروف و 4 قصص في فترة زمنية متقاربة.

كما تم اختيار بعض الحروف من الكلمات الأكثر شيوعا في مرحلة الروضة والصف الأول مثل: (أنا، هـو، هي، هنا، هناك، كان، لا، لي، لعب، رسم)، وأيضا اختيار الحروف الأكثر استعمالا في اللغة العربية، ووضعها في مكان متقدم من ترتيب واحة الحكايات.

1   أَنْظُرُ إلى الصّورَةِ وأُرَدِّدُ الْحَرْفَ الْـمُلَوَّنَ واسْمَ الصّورَةِ:

2   أَكْتُبُ مُحاكِيًا النَّموذَجَ مُراعِيًا اتِّجاهَ السَّهْمِ:

3   أُلوِّنُ الْـمُرَبَّعَ الَّذي يوجَدُ بِداخِلِهِ الْحَرْفُ أ :

ق	أ
س	أ
أ	ع

4 أَكْتُبُ مُحاكِيًا النَّموذَجَ مُراعِيًا اتِّجاهَ السَّهْمِ:

5 أَكْتُبُ مُحاكِيًا النَّموذَجَ:

6 أُلاحِظُ الحَرْفَ المُلَوَّنَ أوَّلَ، وَسَطَ، ونَهايَةَ الكَلِمَةِ، ثُمَّ أُرَدِّدُ اسمَ الصّورَةِ وأكتب الحَرْفَ:

تَقْرَأُ	فَأْر	أَسَد
تَقْرَأُ	فَأْر	أَسَد
تَقْرَأُ	فَأْر	أَسَد

1 أَنْظُرُ إلى الصّورَةِ وأُرَدِّدُ الحَرْفَ الـمُلَوَّنَ واسْمَ الصّورَةِ:

نَعامة

نَخْلَة

نَجْم

نَظّارَة

2 أَكْتُبُ مُحاكِيًا النَّموذَجَ مُراعِيًا اتِّجاهَ السَّهْمِ:

ن

3 أَلَوِّنُ الـمُرَبَّعَ الَّذي يوجَدُ بِداخِلِهِ الحَرْفُ ن :

ن

ط

ن

د

م

ن

و

4 أَكْتُبُ مُحاكِيًا النَّموذَجَ مُراعِيًا اتِّجاهَ السَّهْم:

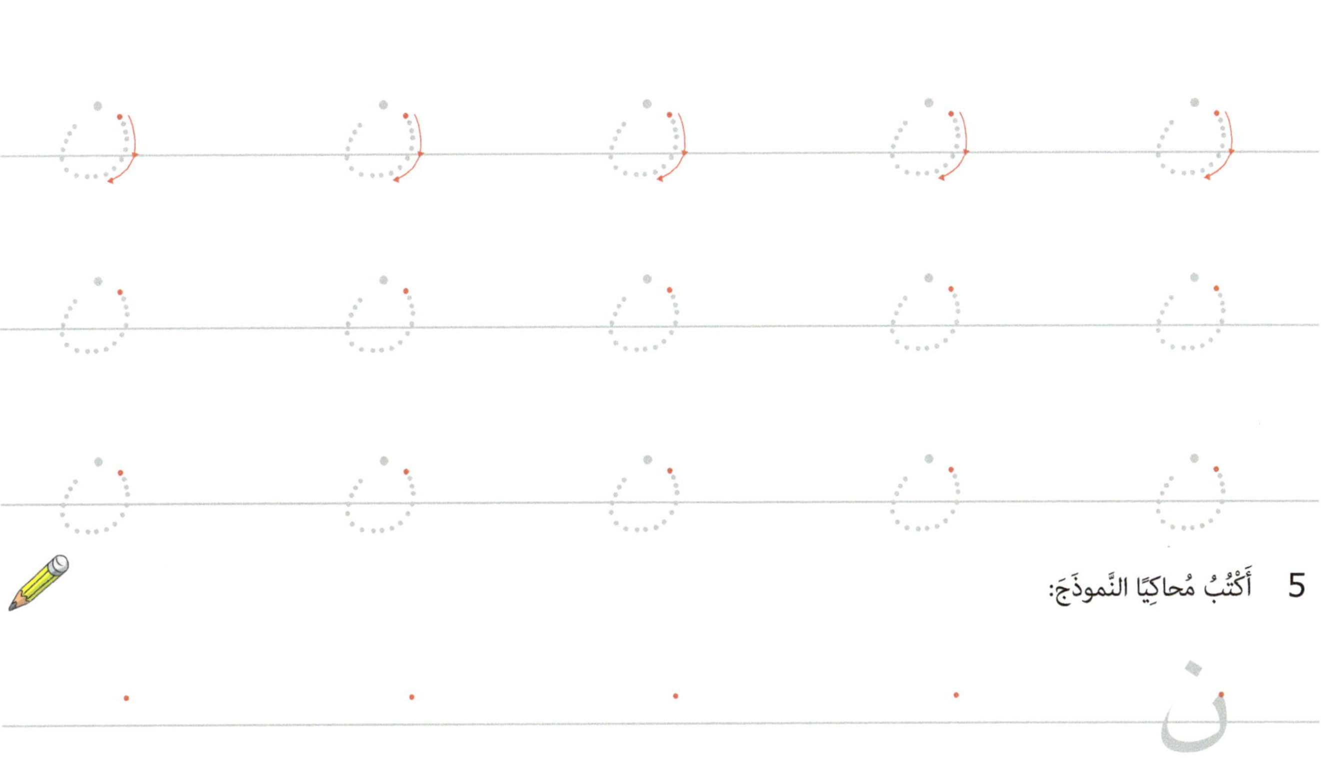

5 أَكْتُبُ مُحاكِيًا النَّموذَجَ:

6 أُلاحِظُ الحَرْفَ المُلَوَّنَ أوَّلَ، وَسَطَ، ونَهايَةَ الكَلِمَةِ، ثُمَّ أُرَدِّدُ اسْمَ الصّورَةِ وأكتب الحَرْفَ:

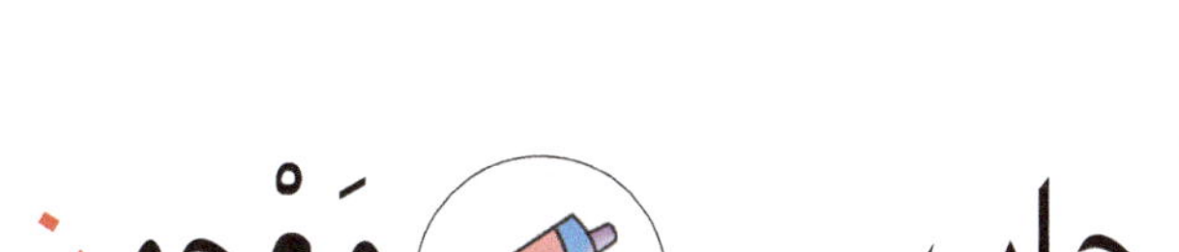

1 أَنْظُرُ إلى الصّورَةِ وأُرَدِّدُ الحَرْفَ الـمُلَوَّنَ واسْمَ الصّورَةِ:

2 أَكْتُبُ مُحاكِيًا النَّموذَجَ مُراعِيًا اتِّجاهَ السَّهْمِ:

ب

3 أُلَوِّنُ الـمُرَبَّعَ الَّذي يوجَدُ بِداخِلِهِ الحَرْفُ ب :

ل   د

ب   ب

ي   ب

4   أَكْتُبُ مُحاكِيًا النَّموذَجَ مُراعِيًا اتِّجاهَ السَّهْمِ:

5   أَكْتُبُ مُحاكِيًا النَّموذَجَ:

ب

6   أُلاحِظُ الحَرْفَ المُلَوَّنَ أَوَّلَ، وَسَطَ، وَنِهايَةَ الكَلِمَةِ، ثُمَّ أُردِّدُ اسمَ الصّورَةِ وأكتب الحَرْفَ:

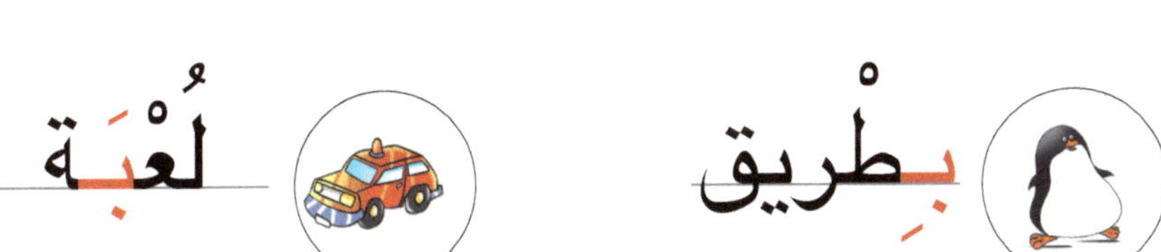

بِطْريق   لُعْبَة   حَليب

طْريق   لُعْبَة   حَليب

طْريق   لُعْبَة   حَليب

1 أَنْظُرُ إلى الصّورَةِ وأُرَدِّدُ الحَرْفَ الـمُلَوَّنَ واسمَ الصّورَةِ:

2 أَكْتُبُ مُحاكِيًا النّموذَجَ مُراعِيًا اتِّجاهَ السَّهْمِ:

3 أُلَوِّنُ الـمُرَبَّعَ الَّذي يوجَدُ بِداخِلِهِ الحَرْفُ ر :

4 أَكْتُبُ مُحاكِيًا النَّموذَجَ مُراعِيًا اتِّجاهَ السَّهْم:

5 أَكْتُبُ مُحاكِيًا النَّموذَجَ:

ر

6 أُلاحِظُ الحَرْفَ الـمُلَوَّنَ أوَّلَ، وَسَطَ، وَنِهايَةَ الكَلِمَةِ، ثُمَّ أُرَدِّدُ اسْمَ الصّورَةِ وَأكتب الحَرْفَ:

سَرير		جَرادَة		رَشّاش
سَرير		جَرادَة		رشّاش
سَرير		جَرادَة		رشّاش

ر

1 أَصِلُ الصورة بالحرف الذي يبدأ به اسم الـصورة:

واحة الحكايات

ن

أ

ب

ر

2 أَضعُ دائرة حولَ الحرف الَّذي يبدأ به اسم الصورة:

أ ن ب ر

أ ن ب ر

أ ن ب ر

أ ن ب ر

ر   ب   ن   أ

3 أختار الحرف الصحيح وأضعه في أول الكلمة:

ن ـ أ

ـــجم

خطبوط ـــ

ر - ب

ـــيم

بغاء ـــ

4 أختار الحرف الصحيح وأكتبه في موضعه الصحيح من الكلمة: 

ن   ر   أ

ســـــجاب

سري_____

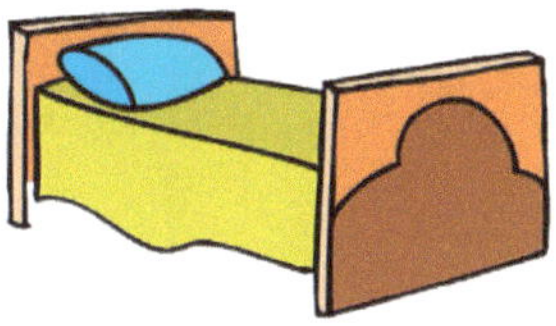

فـ___ر

ن   ر   ب

معجو_____

لعـــــة

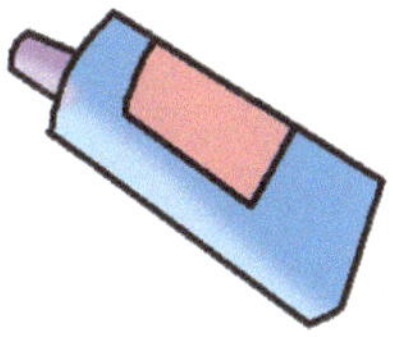

_____اعي

1 أَنْظُرُ إلى الصّورَةِ وأُرَدِّدُ الحَرْفَ الـمُلَوَّنَ واسْمَ الصّورَةِ:

2 أَكْتُبُ مُحاكِيًا النَّموذَجَ مُراعِيًا اتِّجاهَ السَّهْم:

3 أُلَوِّنُ الـمُرَبَّعَ الَّذي يوجَدُ بِداخِلِهِ الحَرْفُ و :

4 ✏️ أَكْتُبُ مُحاكِيًا النَّموذَجَ مُراعِيًا اتِّجاهَ السَّهْم:

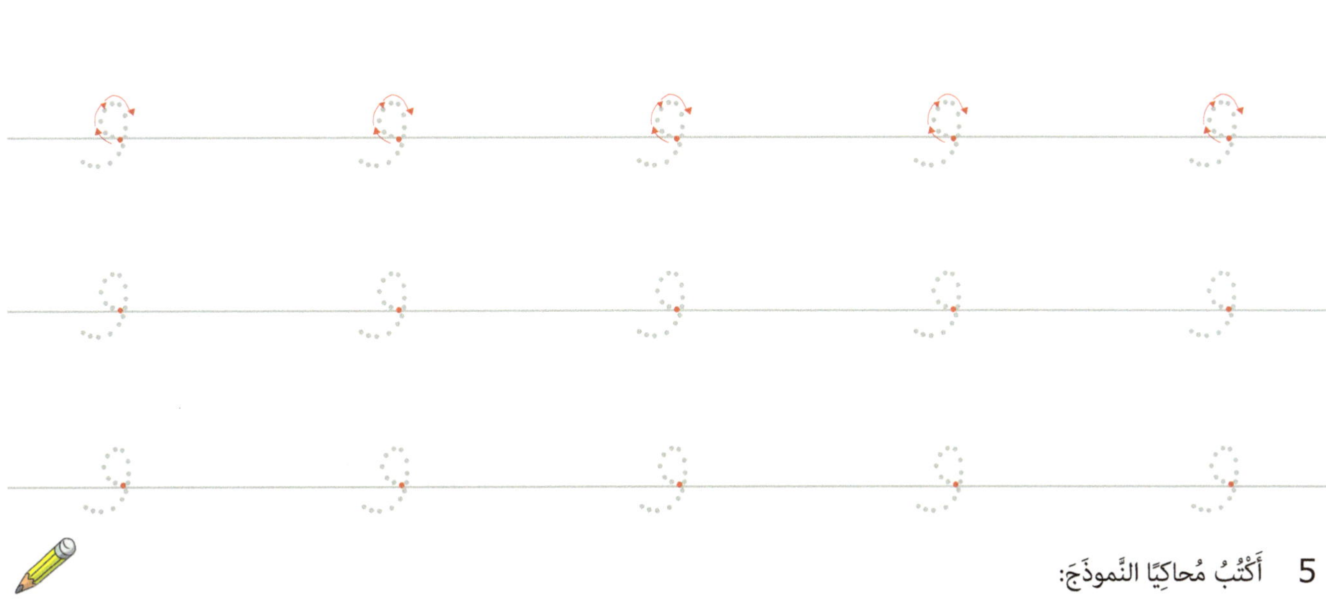

5 ✏️ أَكْتُبُ مُحاكِيًا النَّموذَجَ:

و

6 👄👁️ أُلاحِظُ الحَرْفَ الـمُلَوَّنَ أَوَّلَ، وَسَطَ، وَنَهايَةَ الكَلِمَةِ، ثُمَّ أُرَدِّدُ اسْمَ الصّورَةِ وأكتب الحَرْفَ:

سُنونو		نَوْرس		وِعاء
سُنونو		نَورس		وعاء
سُنونو		نَورس		وِعاء

1 — أَنْظُرُ إلى الصّورَةِ وأُرَدِّدُ الحَرْفَ الْمُلَوَّنَ واسْمَ الصّورَةِ:

2 — أَكْتُبُ مُحاكِيًا النَّموذَجَ مُراعِيًا اتِّجاهَ السَّهْمِ:

هـ

3 — أُلَوِّنُ الْمُرَبَّعَ الَّذي يوجَدُ بِداخِلِهِ الْحَرْفُ هـ :

هـ

م

ر

هـ

ن

هـ

أ

4   أَكْتُبُ مُحاكِيًا النَّموذَجَ مُراعِيًا اتِّجاهَ السَّهْم:

5   أَكْتُبُ مُحاكِيًا النَّموذَجَ:

6   أُلاحِظُ الحَرْفَ الـمُلَوَّنَ أوَّلَ، وَسَطَ، ونَهايَةَ الكَلِمَةِ، ثُمَّ أُرَدِّدُ اسمَ الصّورَةِ وأكتب الحَرْفَ:

مِياه 	وَجْه 	سَهْم 	هَرَبَ 
مِياه 	وَجْ 	سَهم	هَرَبَ
مِياه	وَجْ	سَهم	هَرَبَ

هـ

1 أَنْظُرُ إلى الصّورَةِ وأُرَدِّدُ الـحَرْفَ الـمُلَوَّنَ واسْمَ الصّورَةِ:

زَرافَة

زَمّارة

ن

زَيْتون

زَهْرَة

2 أَكْتُبُ مُحاكِيًا النّموذَجَ مُراعِيًا اتِّجاهَ السَّهْم:

ز

3 أُلَوِّنُ الـمُرَبَّعَ الَّذي يوجَدُ بِداخِلِهِ الـحَرْفُ ز :

ز

ز

ح

ط

ر

م

ز

4   أَكْتُبُ مُحاكِيًا النَّموذَجَ مُراعِيًا اتِّجاهَ السَّهْمِ:

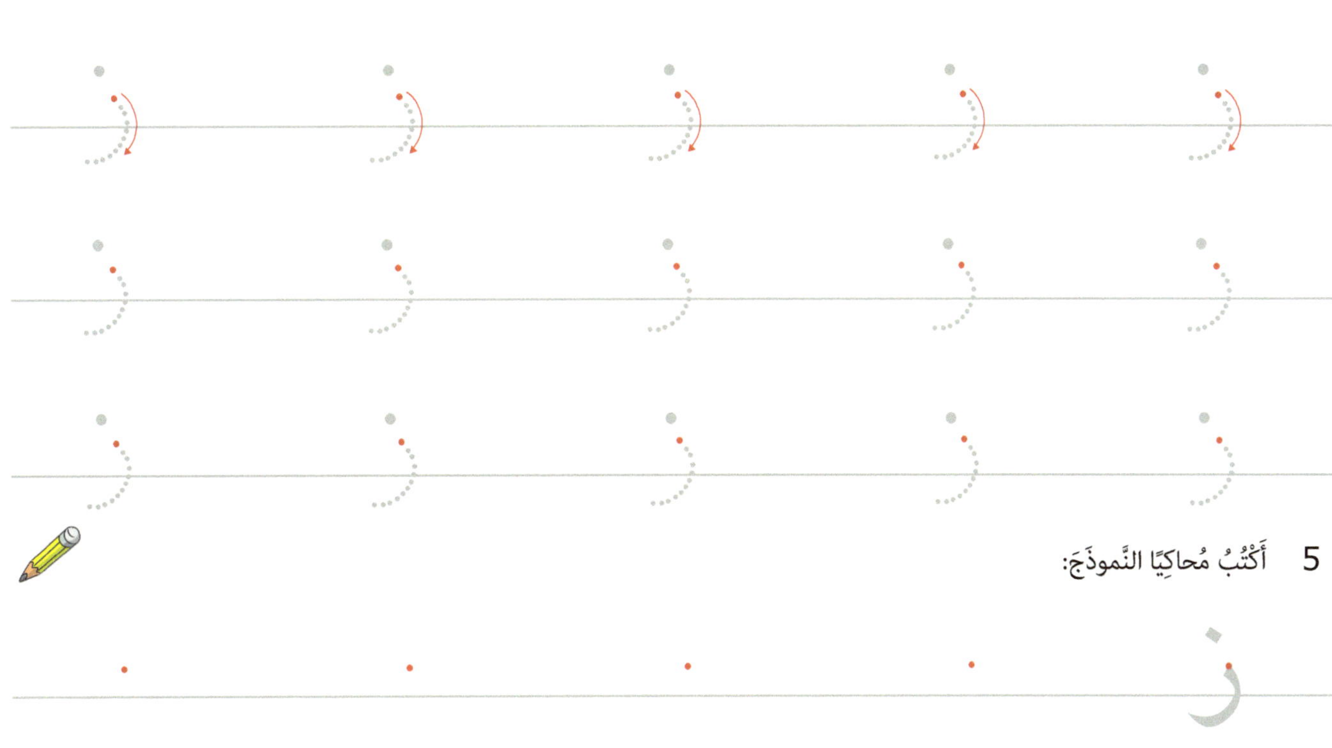

5   أَكْتُبُ مُحاكِيًا النَّموذَجَ:

6   أُلاحِظُ الحَرْفَ الـمُلَوَّنَ أوَّلَ، وَسَطَ، وَنِهايَةَ الكَلِمَةِ، ثُمَّ أُرَدِّدُ اسْمَ الصّورَةِ وأكتب الحَرْفَ:

مَوْز   ماعِزَة   زَهْري

مَوْز   ماعِزَة   زَهْري

مَوْز   ماعِزَة   زَهْري

ز

1 أَنْظُرُ إِلَى الصّورَةِ وَأُرَدِّدُ الحَرْفَ المُلَوَّنَ واسْمَ الصّورَةِ:

2 أَكْتُبُ مُحاكِيًا النَّموذَجَ مُراعِيًا اتِّجاهَ السَّهْمِ:

ك

3 أُلَوِّنُ المُرَبَّعَ الَّذي يوجَدُ بِداخِلِهِ الحَرْفُ ك :

هـ		ز
د	ك	ك
	ك	و

4 أَكْتُبُ مُحاكِيًا النَّموذَجَ مُراعِيًا اتِّجاهَ السَّهْم:

5 أَكْتُبُ مُحاكِيًا النَّموذَجَ:

ك

6 أُلاحِظُ الحَرْفَ المُلَوَّنَ أوَّلَ، وَسَطَ، وَنَهايَةَ الكَلِمَةِ، ثُمَّ أُرَدِّدُ اسْمَ الصّورَةِ وأَكْتب الحَرْفَ:

ديك	شَبَكة	كيس
ديك	شَبَكة	كيس
ديك	شَبَكة	كيس

١ أَصِلُ الصورة بالحرف الذي يبدأ به اسم الصورة:

ك

ز

هـ

و

2 أَضعُ دائرة حولَ الحرف الَّذي يبدأ به اسم الصورة:

و هـ ز ك

هـ ك و ز

ك ز و هـ

هـ ك ز و

ك ز هـ و

أختار الحرف الصحيح وأضعه في أول الكلمة: 3

و ـ هـ

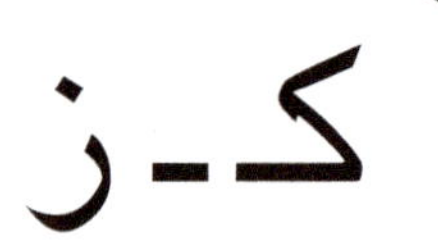

______ ردة

______ لال

ك ـ ز

______ يتون

______ وخ

4 أختار الحرف الصحيح وأكتبه في موضعه الصحيح من الكلمة:

هـ   و   ه

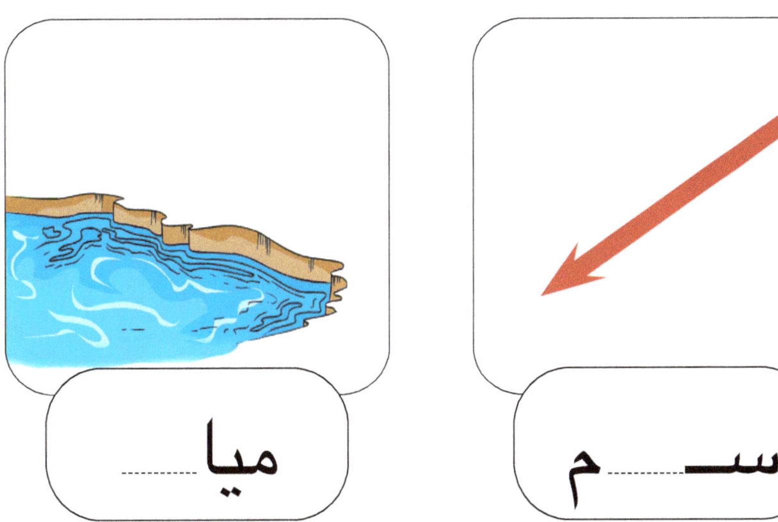

مياـــ

ســـم

ـــعاء

ك   ز   ك

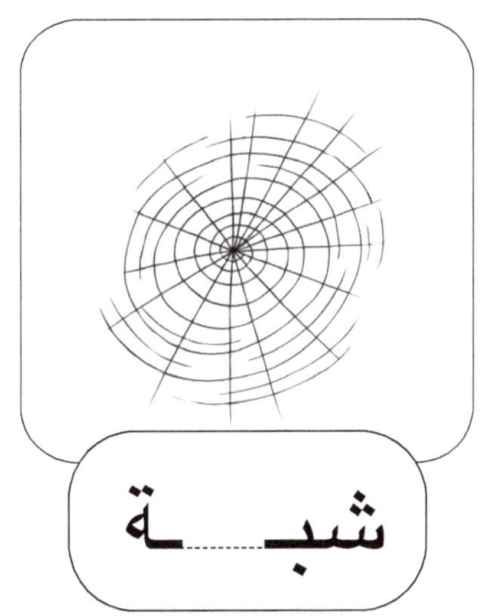

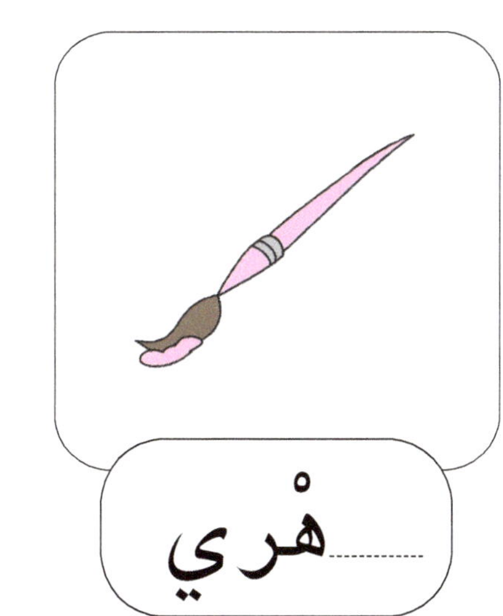

ديـــ

شبـــة

ـــهُري

1 أَنْظُرُ إلى الصّورَةِ وأُرَدِّدُ الحَرْفَ الـمُلَوَّنَ واسْمَ الصّورَةِ:

2 أَكْتُبُ مُحاكِيًا النَّموذَجَ مُراعِيًا اتِّجاهَ السَّهْمِ:

3 أُلَوِّنُ الـمُرَبَّعَ الَّذي يوجَدُ بِداخِلِهِ الحَرْفُ ل :

4 أَكْتُبُ مُحاكِيًا النَّموذَجَ مُراعِيًا اتِّجاهَ السَّهْم:

5 أَكْتُبُ مُحاكِيًا النَّموذَجَ:

6 أُلاحِظُ الحَرْفَ الـمُلَوَّنَ أوَّلَ، وَسَطَ، وَنَهايَةَ الكَلِمَةِ، ثُمَّ أُرَدِّدُ اسْمَ الصّورَةِ وأكتب الحَرْفَ:

١ أَنْظُرُ إلى الصّورَةِ وأُرَدِّدُ الحَرْفَ المُلَوَّنَ واسْمَ الصّورَةِ:

٢ أَكْتُبُ مُحاكِيًا النَّموذَجَ مُراعِيًا اتِّجاهَ السَّهْمِ:

ي   ي   ي   ي   ي

ي   ي   ي   ي

ي   ي   ي   ي

٣ أُلَوِّنُ المُرَبَّعَ الَّذي يوجَدُ بِداخِلِهِ الحَرْفُ ي :

ي		ي
س		ب
ث	ن	ي

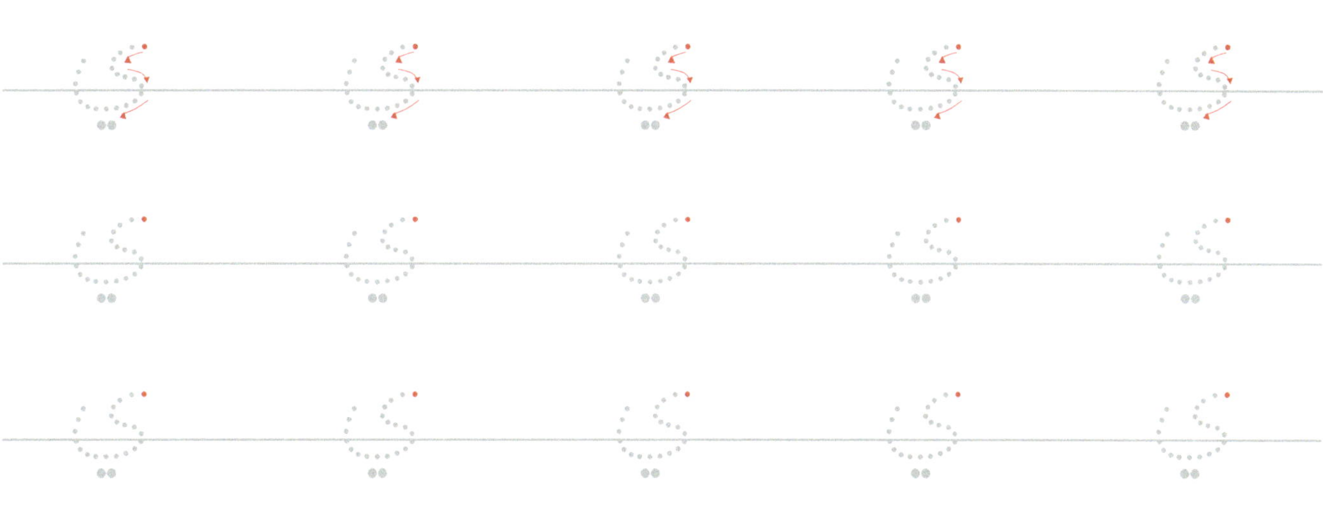

4   أَكْتُبُ مُحاكِيًا النَّموذَجَ مُراعِيًا اتِّجاهَ السَّهْم:

5   أَكْتُبُ مُحاكِيًا النَّموذَجَ:

ي

6   أُلاحِظُ الحَرْفَ الـمُلَوَّنَ أوَّلَ، وَسَطَ، ونِهايَةَ الكَلِمَةِ، ثُمَّ أُرَدِّدُ اسمَ الصّورَةِ وأكتب الحَرْفَ:

وَرْدي

قَميص

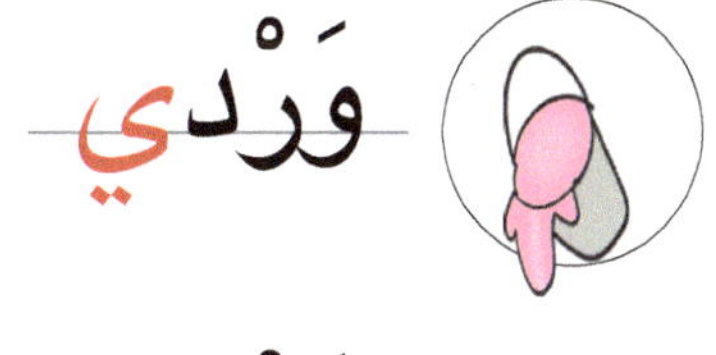

يَرْبوع

وَرْدي

قَميص

يَرْبوع

وَرْدي

قَميص

يَرْبوع

١ ‏أَنْظُرُ إِلَى الصَّورَةِ وأُرَدِّدُ الْحَرْفَ الْمُلَوَّنَ واسْمَ الصَّورَةِ:

٢ ‏أَكْتُبُ مُحاكِيًا النَّموذَجَ مُراعِيًا اتِّجاهَ السَّهْمِ:

م

٣ ‏أُلَوِّنُ الْمُرَبَّعَ الَّذي يوجَدُ بِداخِلِهِ الْحَرْفُ م :

م

م

م

و

ع

ث

ر

4 أَكْتُبُ مُحاكِيًا النَّموذَجَ مُراعِيًا اتِّجاهَ السَّهْمِ:

5 أَكْتُبُ مُحاكِيًا النَّموذَجَ:

6 أُلاحِظُ الحَرْفَ المُلَوَّنَ أوَّلَ، وَسَطَ، وَنَهايَةَ الكَلِمَةِ، ثُمَّ أُرَدِّدُ اسْمَ الصّورَةِ وأكتب الحَرْفَ:

1 أَنْظُرُ إلى الصّورَةِ وأُرَدِّدُ الحَرْفَ الـمُلَوَّنَ واسْمَ الصّورَةِ:

2 أَكْتُبُ مُحاكِيًا النَّموذَجَ مُراعِيًا اتِّجاهَ السَّهْمِ:

ض

3 أَلَوِّنُ الـمُرَبَّعَ الَّذي يوجَدُ بِداخِلِهِ الحَرْفُ ض :

هـ	ض
ص	ض
ل	ض
	ن

4   أَكْتُبُ مُحاكِيًا النَّموذَجَ مُراعِيًا اتِّجاهَ السَّهْم:

5   أَكْتُبُ مُحاكِيًا النَّموذَجَ:

ض

6   أُلاحِظُ الحَرْفَ المُلَوَّنَ أَوَّلَ، وَسَطَ، وَنِهايَةَ الكَلِمَةِ، ثُمَّ أُرَدِّدُ اسْمَ الصّورَةِ وأكتب الحَرْفَ:

حَوْض	فَضاء	ضَفيرة
حَوْض	فَضاء	ضَفيرة
حَوْض	فَضاء	ضَفيرة

ض

ض   م   ي

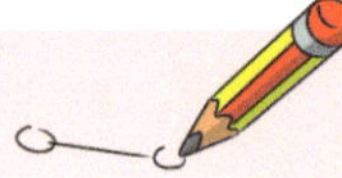

1 أَصِلُ الصورة بالحرف الذي يبدأ به اسم الصورة:

ي

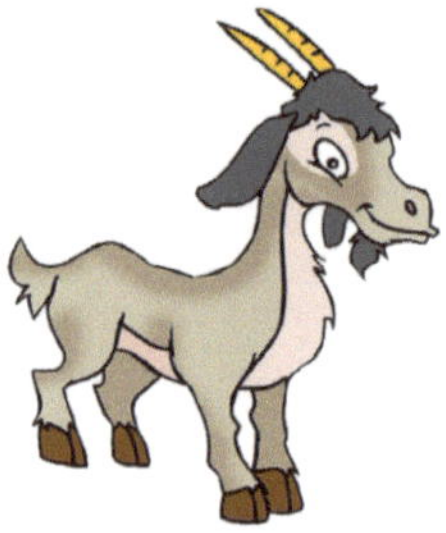

م

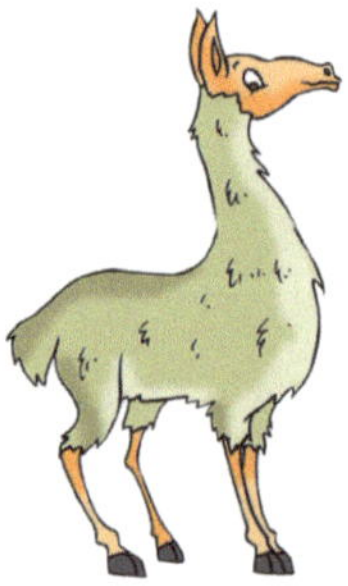

ض

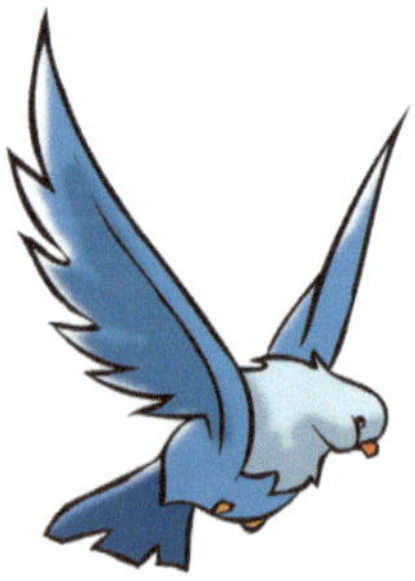

ل

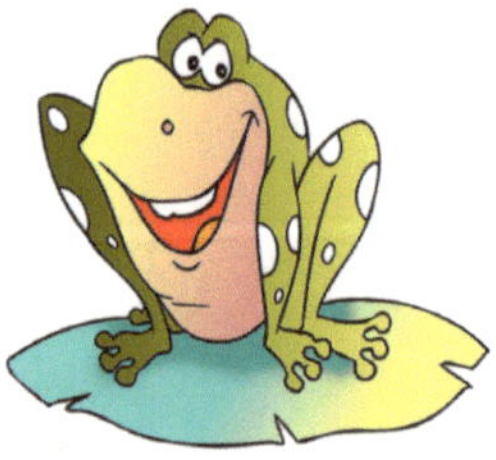

ض م ي ل

2   أَضعُ دائرة حولَ الحرف الَّذي يبدأ به اسم الصورة:

ي ل ض م			م ض ل ي	

ل ي م ض			ض م ي ل	

3   أختار الحرف الصحيح وأضعه في أول الكلمة:

ي ـ ـ لـ

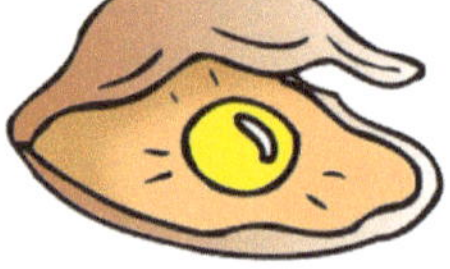

ـ ـ ـ د

ـ ـ ـ ؤلؤة

مـ ـ ـ ضـ

ـ ـ ـ لك

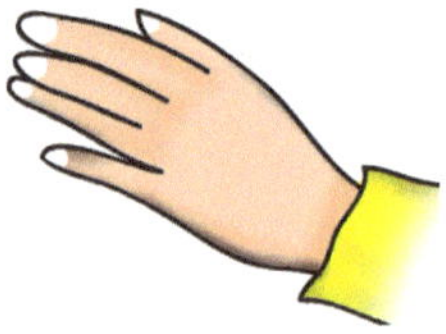

ـ ـ ـ رس

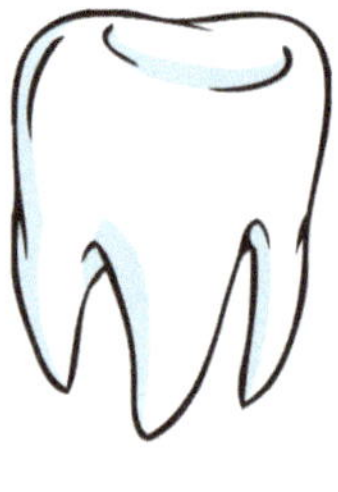

4   أختار الحرف الصحيح وأكتبه في موضعه الصحيح من الكلمة:

ربوع ـــــــــ

س ـــــــ حفاة

جم ـــــــ

نطاد ـــــــ

ف ـــــــ اء

حو ـــــــ

1 أَنْظُرُ إِلَى الصّورَةِ وَأُرَدِّدُ الحَرْفَ المُلَوَّنَ واسْمَ الصّورَةِ:

2 أَكْتُبُ مُحاكِيًا النَّموذَجَ مُراعِيًا اتِّجاهَ السَّهْمِ:

خ

3 أُلَوِّنُ المُرَبَّعَ الَّذي يوجَدُ بِداخِلِهِ الحَرْفُ خ :

4 — أَكْتُبُ مُحاكِيًا النَّموذَجَ مُراعِيًا اتِّجاهَ السَّهْمِ:

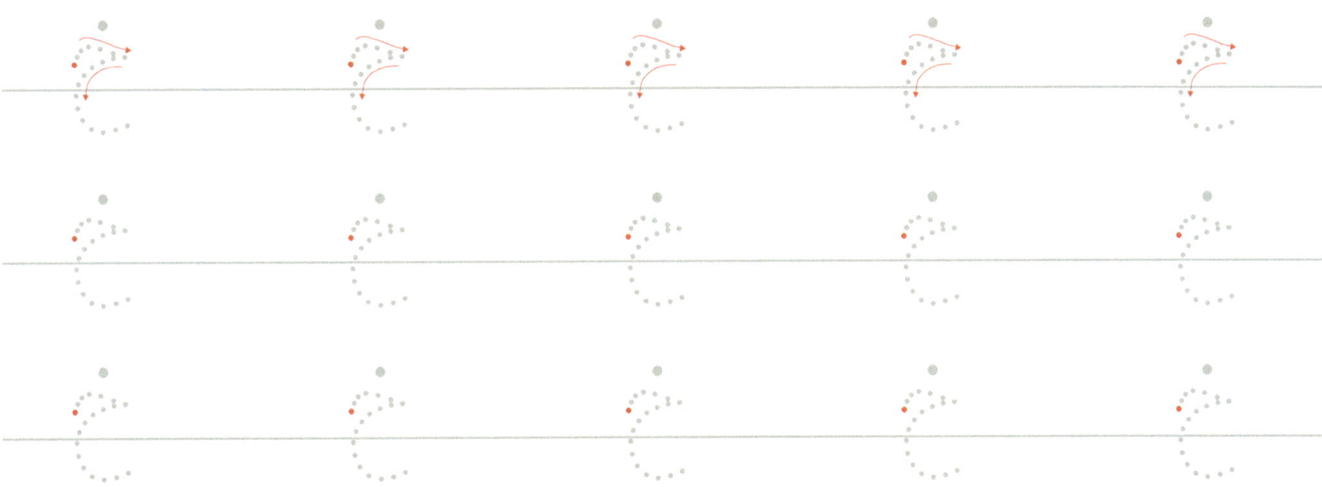

5 — أَكْتُبُ مُحاكِيًا النَّموذَجَ:

6 — أُلاحِظُ الحَرْفَ المُلَوَّنَ أَوَّلَ، وَسَطَ، وَنَهايَةَ الكَلِمَةِ، ثُمَّ أُرَدِّدُ اسْمَ الصّورَةِ وأَكتب الحَرْفَ:

كوخ

كوخ

كوخ

بُخار

بُخار

بُخار

خُبْز

خُبْز

خُبْز

خ

1 أَنْظُرُ إلى الصّورَةِ وَأُرَدِّدُ الحَرْفَ الـمُلَوَّنَ واسْمَ الصّورَةِ:

2 أَكْتُبُ مُحاكِيًا النَّموذَجَ مُراعِيًا اتِّجاهَ السَّهْمِ:

ت

3 أُلَوِّنُ الـمُرَبَّعَ الَّذي يوجَدُ بِداخِلِهِ الحَرْفُ ت :

ل	د
ت	س
ي	ت

4 أَكْتُبُ مُحاكِيًا النَّموذَجَ مُراعِيًا اتِّجاهَ السَّهْمِ:

5 أَكْتُبُ مُحاكِيًا النَّموذَجَ:

ت

6 أُلاحِظُ الحَرْفَ الـمُلَوَّنَ أوَّلَ، وَسَطَ، ونَهايَةَ الكَلِمَةِ، ثُمَّ أُرَدِّدُ اسْمَ الصّورَةِ وأكتب الحَرْفَ:

ماعزة	فَراشَة	توت	كِتاب	تين
ماعزة	فَراشَة	توت	كِتاب	تين
ماعزة	فَراشَة	توت	كِتاب	تين

1 أَنْظُرُ إلى الصّورَةِ وأُرَدِّدُ الحَرْفَ الـمُلَوَّنَ واسْمَ الصّورَةِ:

2 أَكْتُبُ مُحاكِيًا النَّموذَجَ مُراعِيًا اتِّجاهَ السَّهْمِ:

د

3 أُلَوِّنُ الـمُرَبَّعَ الَّذي يوجَدُ بِداخِلِهِ الحَرْفُ د :

ي

ز

ب

د

د

ث

4 أَكْتُبُ مُحاكِيًا النَّموذَجَ مُراعِيًا اتِّجاهَ السَّهْمِ:

5 أَكْتُبُ مُحاكِيًا النَّموذَجَ:

ﺩ

6 أُلاحِظُ الْحَرْفَ الْمُلَوَّنَ أوَّلَ، وَسَطَ، ونَهايَةَ الْكَلِمَةِ، ثُمَّ أُرَدِّدُ اسْمَ الصّورَةِ وأكتب الْحَرْفَ:

قِرْد	باندا	ديك
قِرْد	باندا	ديك
قِرْد	باندا	ديك

1   أَنْظُرُ إلى الصّورَةِ وأُرَدِّدُ الحَرْفَ الـمُلَوَّنَ واسْمَ الصّورَةِ:

صِنّارة

صُنْدوق

ص

صورَة

صَقْر

2   أَكْتُبُ مُحاكِيًا النّموذَجَ مُراعِيًا اتِّجاهَ السَّهْمِ:

ص

3   أُلَوِّنُ الـمُرَبَّعَ الّذي يوجَدُ بِداخِلِهِ الحَرْفُ ص :

ك

س

ن

ص

ص

غ

ص

4 أَكْتُبُ مُحاكِيًا النَّموذَجَ مُراعِيًا اتِّجاهَ السَّهْمِ:

5 أَكْتُبُ مُحاكِيًا النَّموذَجَ:

ص

6 أُلاحِظُ الْحَرْفَ الْمُلَوَّنَ أَوَّلَ، وَسَطَ، وَنِهايَةَ الْكَلِمَةِ، ثُمَّ أُرَدِّدُ اسْمَ الصّورَةِ وَأَكْتُبُ الْحَرْفَ:

ص

1 أَصِلُ الصورة بالحرف الذي يبدأ به اسم الصورة:

د

ص

خ

ت

ص   د   ت   خ

2   أَضعُ دائرة حولَ الحرف الَّذي يبدأ به اسم الصورة:

ت خ ص د

د ت ص خ

خ د ت ص

ص د خ ت

3   أختار الحرف الصحيح وأضعه في أول الكلمة:

تـ ـ خـ

_______ يار

لـوين _______

د ـ صـ

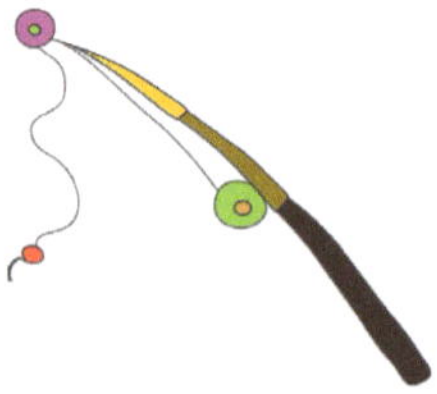

_______ نارة

عسو قة _______

4   أختار الحرف الصحيح وأكتبه في موضعه الصحيح من الكلمة:

1 أَنْظُرُ إِلَى الصّورَةِ وَأُرَدِّدُ الْحَرْفَ الْمُلَوَّنَ واسْمَ الصّورَةِ:

2 أَكْتُبُ مُحاكِيًا النّموذَجَ مُراعِيًا اتِّجاهَ السَّهْمِ:

3 أُلَوِّنُ الْمُرَبَّعَ الَّذي يوجَدُ بِداخِلِهِ الْحَرْفُ ج:

4 أَكْتُبُ مُحاكِيًا النَّموذَجَ مُراعِيًا اتِّجاهَ السَّهْمِ:

5 أَكْتُبُ مُحاكِيًا النَّموذَجَ:

6 أُلاحِظُ الْحَرْفَ الْمُلَوَّنَ أَوَّلَ، وَسَطَ، وَنَهايَةَ الْكَلِمَةِ، ثُمَّ أُرَدِّدُ اسْمَ الصّورَةِ وَأكتب الْحَرْفَ:

ثَلْجٌ — نَجْمَة — جَزيرَة

ثَلْجٌ — نَجْمَة — جَزيرَة

ثَلْجٌ — نَجْمَة — جَزيرَة

1 أَنْظُرُ إلى الصّورَةِ وأُرَدِّدُ الحَرْفَ الـمُلَوَّنَ واسْمَ الصّورَةِ:

2 أَكْتُبُ مُحاكِيًا النَّموذَجَ مُراعِيًا اتِّجاهَ السَّهْمِ:

س

3 أُلَوِّنُ الـمُرَبَّعَ الَّذي يوجَدُ بِداخِلِهِ الحَرْفُ س :

4 أَكْتُبُ مُحاكِيًا النَّموذَجَ مُراعِيًا اتِّجاهَ السَّهْمِ:

5 أَكْتُبُ مُحاكِيًا النَّموذَجَ:

س

6 أُلاحِظُ الْحَرْفَ الْمُلَوَّنَ أَوَّلَ، وَسَطَ، ونَهايَةَ الْكَلِمَةِ، ثُمَّ أُرَدِّدُ اسْمَ الصّورَةِ وأَكتب الْحَرْفَ:

فارِس	دعسوقة	سَمَكَة
فارِس	دعسوقة	سَمَكَة
فارِس	دعسوقة	سَمَكَة

1   أَنْظُرُ إِلَى الصّورَةِ وَأُرَدِّدُ الْحَرْفَ الْـمُلَوَّنَ وَاسْمَ الصّورَةِ:

2   أَكْتُبُ مُحاكِيًا النَّموذَجَ مُراعِيًا اتِّجاهَ السَّهْمِ:

ذ

3   أُلَوِّنُ الْـمُرَبَّعَ الَّذي يوجَدُ بِداخِلِهِ الْحَرْفُ ذ :

هـ	ذ
ذ	ك
و	ق
	ذ

4 أَكْتُبُ مُحاكِيًا النَّموذَجَ مُراعِيًا اتِّجاهَ السَّهْمِ:

5 أَكْتُبُ مُحاكِيًا النَّموذَجَ:

ذ

6 أُلاحِظُ الحَرْفَ المُلَوَّنَ أوَّلَ، وَسَطَ، وَنَهايَةَ الكَلِمَةِ، ثُمَّ أُرَدِّدُ اسْمَ الصّورَةِ وأَكتب الحَرْفَ:

قُنْفُذ	حِذاء	ذُرَة
قُنْفُذ	حِذاء	ذَرَة
قُنْفُذ	حِذاء	ذُرَةِ

ذ

1 أَنْظُرُ إلى الصّورَةِ وأُرَدِّدُ الحَرْفَ الـمُلَوَّنَ واسْمَ الصّورَةِ:

2 أَكْتُبُ مُحاكِيًا النَّموذَجَ مُراعِيًا اتِّجاهَ السَّهْمِ:

ف

3 أَلَوِّنُ الـمُرَبَّعَ الَّذي يوجَدُ بِداخِلِهِ الحَرْفُ ف :

ف   ف

ح   ف

ط

ل

د

4 أَكْتُبُ مُحاكِيًا النَّموذَجَ مُراعِيًا اتِّجاهَ السَّهْمِ:

5 أَكْتُبُ مُحاكِيًا النَّموذَجَ:

ف

6 أُلاحِظُ الحَرْفَ المُلَوَّنَ أوَّلَ، وَسَطَ، ونَهايَةَ الكَلِمَةِ، ثُمَّ أُرَدِّدُ اسْمَ الصّورَةِ وأكتب الحَرْفَ:

خِراف

عُصْفور

فِطْر

ف

ف   ذ   س   ج

1 أَصِلُ الصورة بالحرف الذي يبدأ به اسم الصورة:

س

ن

ف

ج

2 أضعُ دائرة حولَ الحرف الَّذي يبدأ به اسم الصورة:

ج   ف   س   ذ

ف   ج   س   ذ

س   ذ   ج   ف

ج   ذ   ف   س

ف ذ س ج

3 أَختار الحرف الصحيح وأضعه في أول الكلمة:

ج ـ س

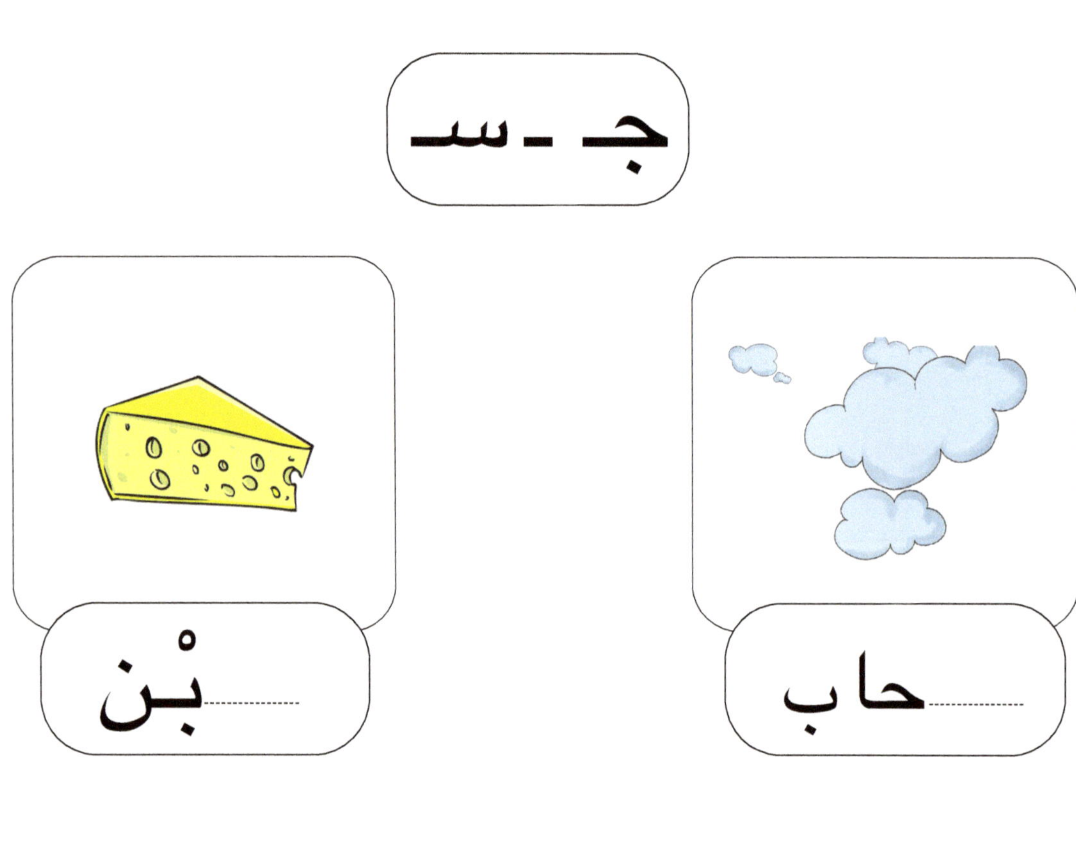

ـــبْن

حاب ـــ

ف ـ ذ

ـــبابة

ـــأر

ج س ذ ف

تقييم الحروف

4 أختار الحرف الصحيح وأكتبه في موضعه الصحيح من الكلمة:

جـ ذ ـج

........زيرة

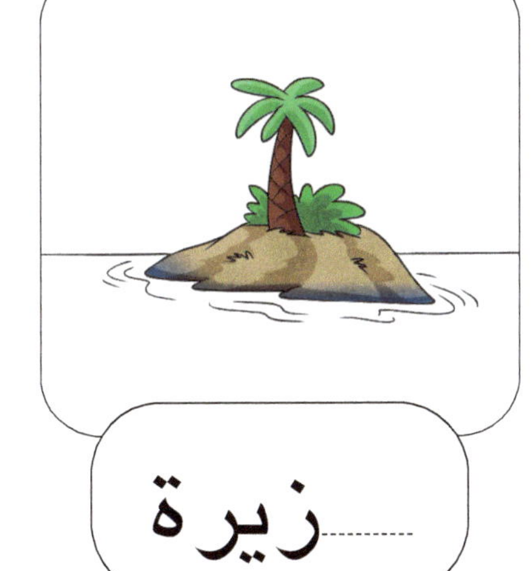

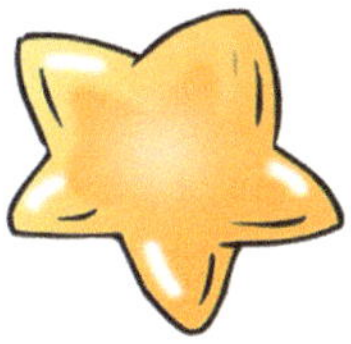

نـ......مة

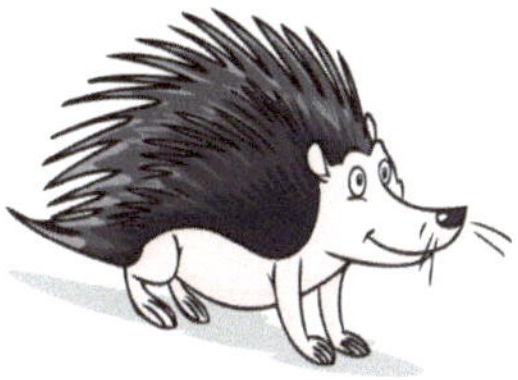

قنفـ........

سـ ف ـفـ

........مكة

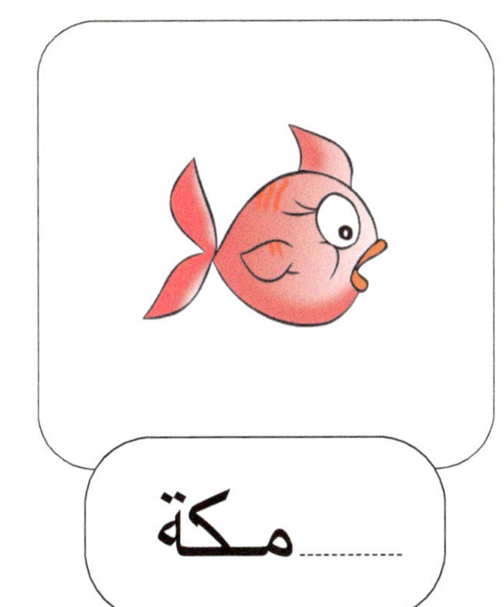

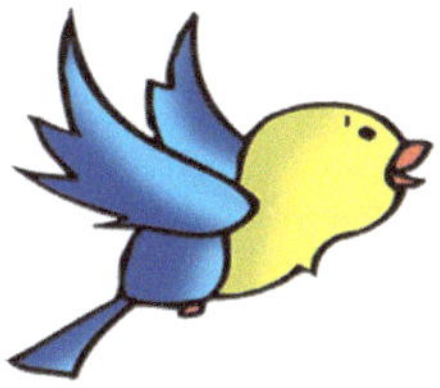

عصـ........ورة

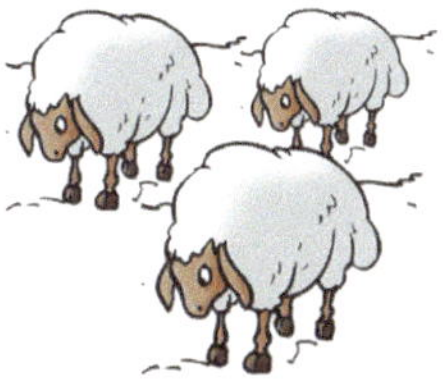

خِرا........

1 أَنْظُرُ إِلى الصّورَةِ وأُرَدِّدُ الحَرْفَ الـمُلَوَّنَ واسْمَ الصّورَةِ:

2 أَكْتُبُ مُحاكِيًا النَّموذَجَ مُراعِيًا اتِّجاهَ السَّهْمِ:

3 أُلَوِّنُ الـمُرَبَّعَ الَّذي يوجَدُ بِداخِلِهِ الحَرْفُ ح :

خ

ق

ت

ح

و

ح

ح

4 أَكْتُبُ مُحاكِيًا النَّموذَجَ مُراعِيًا اتِّجاهَ السَّهْمِ:

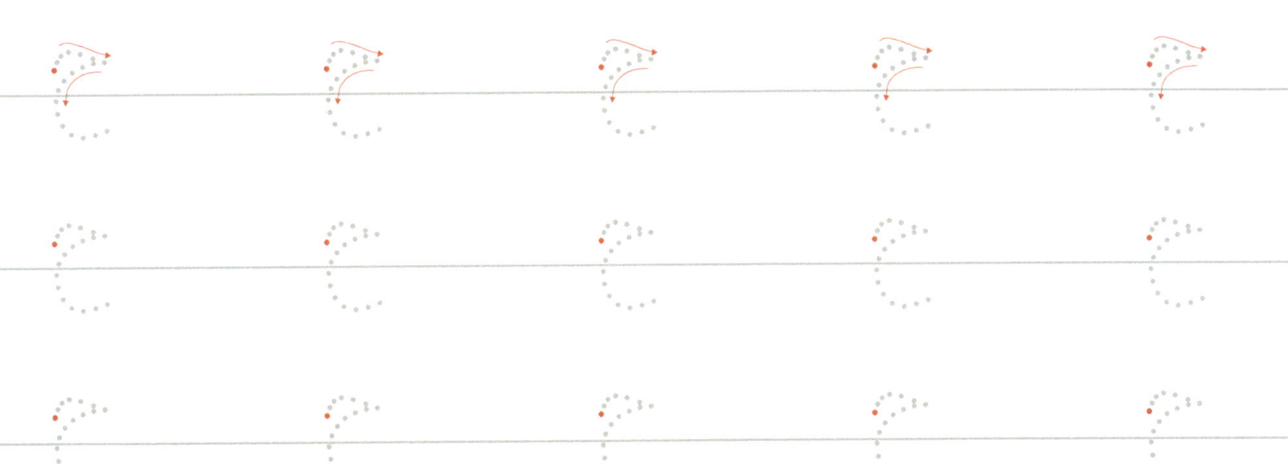

5 أَكْتُبُ مُحاكِيًا النَّموذَجَ:

6 أُلاحِظُ الْحَرْفَ الْمُلَوَّنَ أَوَّلَ، وَسَطَ، وَنِهايَةَ الْكَلِمَةِ، ثُمَّ أُرَدِّدُ اسْمَ الصّورَةِ وَأكتب الْحَرْفَ:

1 أَنْظُرُ إلى الصّورَةِ وأُرَدِّدُ الْحَرْفَ الْمُلَوَّنَ واسْمَ الصّورَةِ:

عَيْن

عَنْكَبوت

عَسَل

عُصْفور

2 أَكْتُبُ مُحاكِيًا النّموذَجَ مُراعِيًا اتِّجاهَ السَّهْم:

3 أُلَوِّنُ الْـمُرَبَّعَ الَّذي يوجَدُ بِداخِلِهِ الْحَرْفُ ع :

4 أَكْتُبُ مُحاكِيًا النَّموذَجَ مُراعِيًا اتِّجاهَ السَّهْم:

5 أَكْتُبُ مُحاكِيًا النَّموذَجَ:

ع

6 أُلاحِظُ الحَرْفَ المُلَوَّنَ أوَّلَ، وَسَطَ، وَنَهايَةَ الكَلِمَةِ، ثُمَّ أُرَدِّدُ اسْمَ الصّورَةِ وَأكتب الحَرْفَ:

يَرْبوع  ضَبْع  نَعامَة 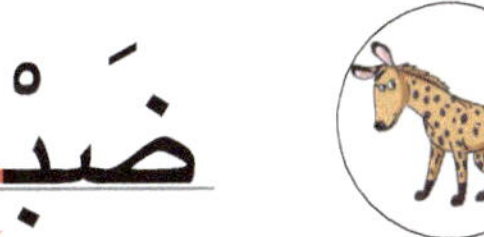 عُشّ 

يربوع ضَبْع نَعامَة عش

يربوع ضَبْع نَعامَة عشّ

1 أَنْظُرُ إلى الصّورَةِ وأُرَدِّدُ الحَرْفَ الـمُلَوَّنَ واسْمَ الصّورَةِ:

2 أَكْتُبُ مُحاكِيًا النّموذَجَ مُراعِيًا اتِّجاهَ السَّهْمِ:

ق ق ق ق ق

ق ق ق ق ق

ق ق ق ق ق

3 أُلَوِّنُ الـمُرَبَّعَ الَّذي يوجَدُ بِداخِلِهِ الحَرْفُ ق :

ذ

ف

ق

ق

ق

ب

س

4 أَكْتُبُ مُحاكِيًا النَّموذَجَ مُراعِيًا اتِّجاهَ السَّهْم:

5 أَكْتُبُ مُحاكِيًا النَّموذَجَ:

ق

6 أُلاحِظُ الحَرْفَ المُلَوَّنَ أوَّلَ، وَسَطَ، وَنِهايَةَ الكَلِمَةِ، ثُمَّ أُرَدِّدُ اسْمَ الصّورَةِ وَأكتب الحَرْفَ:

بِطريق

صَقْر

قَطْرَة

بِطريق

صَقْر

قَطْرَة

بِطريق

صَقْر

قَطْرَة

١   أَنْظُرُ إلى الصّورَةِ وأُرَدِّدُ الحَرْفَ الـمُلَوَّنَ واسْمَ الصّورَةِ:

٢   أَكْتُبُ مُحاكِيًا النَّموذَجَ مُراعِيًا اتِّجاهَ السَّهْمِ:

٣   أُلَوِّنُ الـمُرَبَّعَ الَّذي يوجَدُ بِداخِلِهِ الحَرْفُ ط :

4 أَكْتُبُ مُحاكِيًا النَّموذَجَ مُراعِيًا اتِّجاهَ السَّهْمِ:

5 أَكْتُبُ مُحاكِيًا النَّموذَجَ:

ط

6 أُلاحِظُ الحَرْفَ المُلَوَّنَ أَوَّلَ، وَسَطَ، وَنَهايَةَ الكَلِمَةِ، ثُمَّ أُرَدِّدُ اسْمَ الصّورَةِ وأكتب الحَرْفَ:

طَرْبوش
طَرْبوش
طَرْبوش

سَلْطَعون
سَلْطَعون
سَلْطَعون

ضابِط
ضابِط
ضابِط

1 | أَصِلُ الصورة بالحرف الذي يبدأ به اسم الصورة:

ع

ح

ط

ق

2 — أضعُ دائرة حولَ الحرف الَّذي يبدأ به اسم الصورة:

ق ح ط ع ح ق

ع ط ق ح

ح ط ق ع

ق ع ط ح

ط   ق   ع   ح

3   أختار الحرف الصحيح وأضعه في أول الكلمة:

عـ ـ ـحـ

ـــافـلـة

ـــسَل

ق ـ ـ ط

ـــطار

ـــبـيب

4   أختار الحرف الصحيح وأكتبه في موضعه الصحيح من الكلمة:

ح   ع   ﻌ   ﺣ

ضب____

سَلْط____ون

____قيبة

ط   ق   ﻘ   ﻗ

ضاب____

صـ____ر

____طُرَة

1 أَنْظُرُ إِلى الصّورَةِ وأُرَدِّدُ الحَرْفَ الـمُلَوَّنَ واسْمَ الصّورَةِ:

2 أَكْتُبُ مُحاكِيًا النَّموذَجَ مُراعِيًا اتِّجاهَ السَّهْمِ:

ظ

3 أُلَوِّنُ الـمُرَبَّعَ الَّذي يوجَدُ بِداخِلِهِ الحَرْفُ ظ :

4 أَكْتُبُ مُحاكِيًا النَّموذَجَ مُراعِيًا اتِّجاهَ السَّهْمِ:

5 أَكْتُبُ مُحاكِيًا النَّموذَجَ:

ظ

6 أُلاحِظُ الحَرْفَ المُلَوَّنَ أوَّلَ، وَسَطَ، ونَهايَةَ الكَلِمَةِ، ثُمَّ أُرَدِّدُ اسْمَ الصّورَةِ وأكتب الحَرْفَ:

اسْتَيْقَظ	مِظَلَّة	ظَرْبان
اسْتَيْقَظ	مِظَلَّة	ظَرْبان
اسْتَيْقَظ	مِظَلَّة	ظَرْبان

1 أَنْظُرُ إلى الصّورَةِ وأُرَدِّدُ الْحَرْفَ الْمُلَوَّنَ واسْمَ الصّورَةِ:

2 أَكْتُبُ مُحاكِيًا النَّموذَجَ مُراعِيًا اتِّجاهَ السَّهْمِ:

ش

3 أُلَوِّنُ الْمُرَبَّعَ الَّذي يوجَدُ بِداخِلِهِ الْحَرْفُ ش :

ش	ش
ط	س و
د	ش

4   أَكْتُبُ مُحاكِيًا النَّموذَجَ مُراعِيًا اتِّجاهَ السَّهْم:

5   أَكْتُبُ مُحاكِيًا النَّموذَجَ:

ش

6   أُلاحِظُ الحَرْفَ المُلَوَّنَ أوَّلَ، وَسَطَ، ونَهايَةَ الكَلِمَةِ، ثُمَّ أُرَدِّدُ اسْمَ الصّورَةِ وأكتب الحَرْفَ:

عُشّ   مِنْشار   شاحِنَة

عُشّ   مِنْشار   شاحنة

عُشّ   مِنْشار   شاحِنَة

1 أَنْظُرُ إلى الصّورَةِ وأُرَدِّدُ الحَرْفَ الـمُلَوَّنَ واسْمَ الصّورَةِ:

2 أَكْتُبُ مُحاكِيًا النَّموذَجَ مُراعِيًا اتِّجاهَ السَّهْمِ:

3 أُلَوِّنُ الـمُرَبَّعَ الَّذي يوجَدُ بِداخِلِهِ الحَرْفُ ث :

4 أَكْتُبُ مُحاكِيًا النَّموذَجَ مُراعِيًا اتِّجاهَ السَّهْم:

5 أَكْتُبُ مُحاكِيًا النَّموذَجَ:

ث

6 أُلاحِظُ الحَرْفَ المُلَوَّنَ أوَّلَ، وَسَطَ، وَنِهايَةَ الكَلِمَةِ، ثُمَّ أُرَدِّدُ اسْمَ الصّورَةِ وأكتب الحَرْفَ:

بَرْغوث
مُثَلَّث
ثُعْبان

بَرْغوث
مُثَلَّث
ثُعْبان

بَرْغوث
مُثَلَّث
ثُعْبان

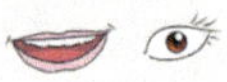

1 أَنْظُرُ إلى الصّورَةِ وأُرَدِّدُ الحَرْفَ الـمُلَوَّنَ واسْمَ الصّورَةِ:

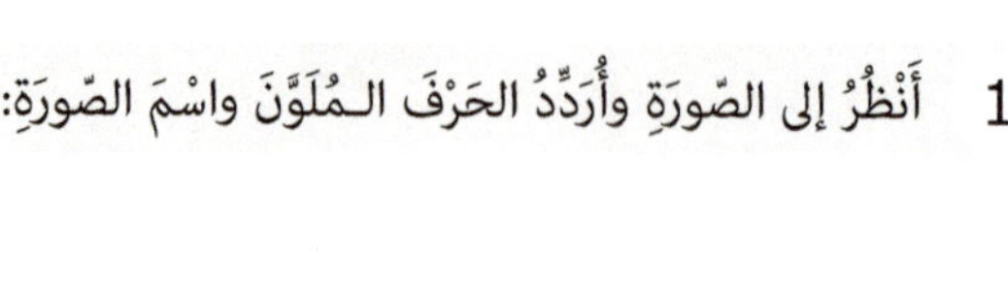

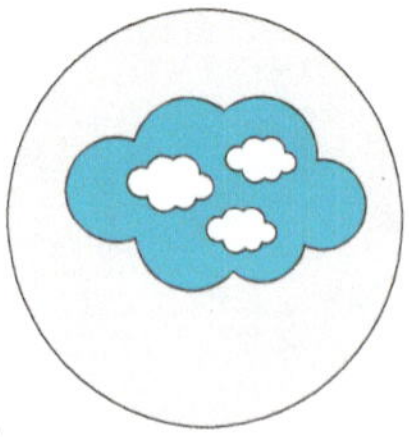

غَوّاص

غَزال

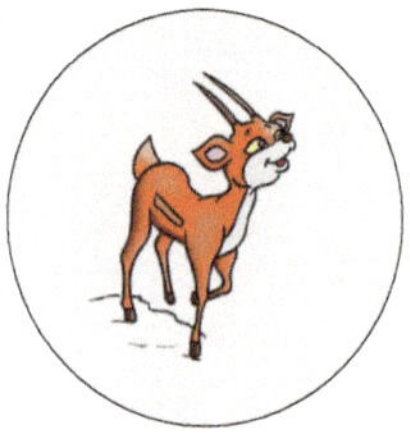

غ

غَيْمَة

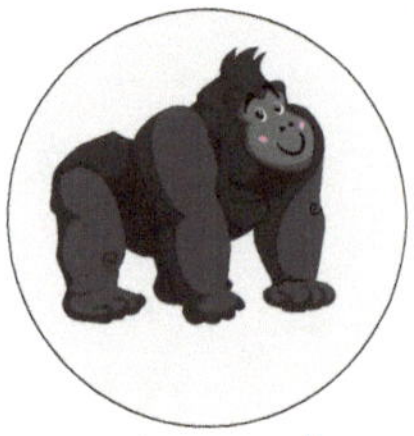

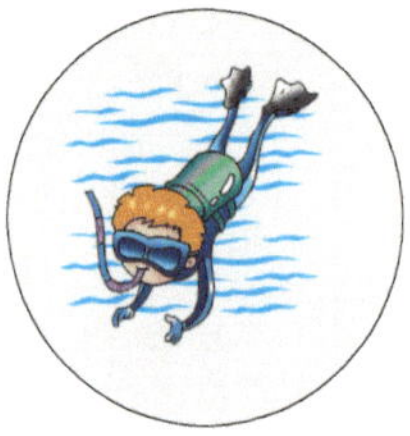

غُوريلّا

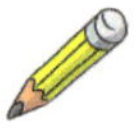

2 أَكْتُبُ مُحاكِيًا النَّموذَجَ مُراعِيًا اتِّجاهَ السَّهْمِ:

غ

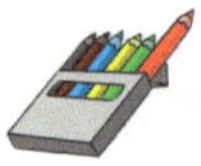

3 أُلَوِّنُ الـمُرَبَّعَ الَّذي يوجَدُ بِداخِلِهِ الحَرْفُ غ :

غ

غ

ه

غ

ظ

ج

ع

4   أَكْتُبُ مُحاكِيًا النَّموذَجَ مُراعِيًا اتِّجاهَ السَّهْم:

5   أَكْتُبُ مُحاكِيًا النَّموذَجَ:

غ

6   أُلاحِظُ الحَرْفَ المُلَوَّنَ أوَّلَ، وَسَطَ، ونَهايَةَ الكَلِمَةِ، ثُمَّ أُرَدِّدُ اسْمَ الصّورَةِ وأكتب الحَرْفَ:

فارِغ		صَمْغ		كَنْغَر		غُصْن	
فارِغ		صَمْغ		كَنْغَر		غصن	
فارِغ		صَمْغ		كَنْغَر		غصن	

غ

1   أَصِلُ الصورة بالحرف الذي يبدأ به اسم الصورة:

غ

ث

ظ

ش

ظ   ش   ث   غ

2   أضعُ دائرة حولَ الحرف الَّذي يبدأ به اسم الصورة:

ث ش غ ظ

ظ غ ش ث

ش ث ظ غ

غ ش ظ ث

3   أختار الحرف الصحيح وأضعه في أول الكلمة:

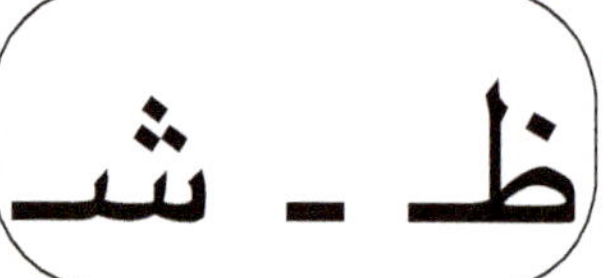

ظ ـ شـ

ـبَكة

ـفـر

ث ـ غ

ـصـن

ـور

4   أختار الحرف الصحيح وأكتبه في موضعه الصحيح من الكلمة:

شـ   ش   ش   ظ

ــربان	مِنْــــار	عُـــ

غـ   ثـ   غ

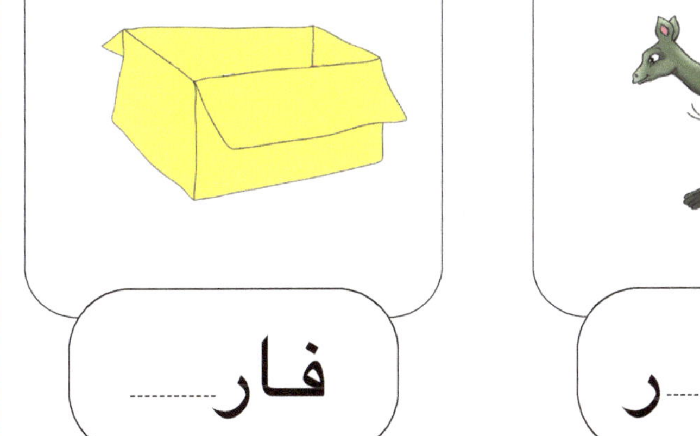

عـبْان	كنـــر	فار ــغ